Eine
sorbische Sage,
nacherzählt
und illustriert
von Měrćin
Nowak-
Neumann

VEB
Domowina-
Verlag
Bautzen

Meister Krabat der gute sorbische Zauberer

Meister

Kra-
bat

der gute
sorbische
Zauberer

Ins Deutsche übertragen
von Jurij Brězan
Titel des sorbischen Originals:
Mišter Krabat

I

Es war vor langer, langer Zeit, damals vor 300 Jahren, gleich nach dem großen Kriege, der dreißig Jahre lang im Lande hauste und so viele Dörfer, Städte und Menschen fraß. Eine gar harte und traurige Zeit war das, so grausam war sie, daß man es nicht einmal schildern kann. Soldaten und Räuber hatten Städte und Dörfer und Gehöfte in Schutt und Asche gelegt. Wo sie die Menschen nicht erschlagen hatten, hatten sie ihnen Hab und Gut genommen. Alles Volk war in graues Elend geraten und war arm wie der ärmste Habenichts. Wahr und wahrhaftig, das wilde Getier lebte damals einen besseren Tag als der Mensch!
Freilich, allen Leuten ging es nicht so schlecht. Die Junker taten sich eher noch mehr gütlich als vordem. Während des Krieges hatten sie sich als Offiziere viel fremdes Gut erplündert. Der Kaiser zu Wien hatte ihnen nichts mehr zu befehlen, so konnten sie tun, was sie mochten. Und alle – die Kurfürsten, Fürsten, Her-

zöge, Grafen –, die ganze adlige Sippschaft hatte nur noch eins im Sinn: in Saus und Braus zu prassen, glänzende Feste zu feiern und dabei ihre Untertanen, die armen Hörigen, auszubeuten und zu beuteln, zu schlagen und zu schinden und sie so zu quälen, daß es einen Stein erbarmen konnte.

Am schlimmsten war es im Sorbenlande. Hier würgten ärgste Not und graues Elend das Bauernvolk, der Knecht mußte Knute und Herrn auf seinem zerschlagenen Rücken schleppen, die Junker schunden und quälten die sorbischen Hörigen und verboten ihnen Tanz und Fest und festliches Kleid. Sich freuen und Feste feiern, das war Herrenrecht, der Bauer durfte nur die Zeche bezahlen, mußte fronen und Tag um Tag im Joche stehn. Von den Kanzeln herab ermahnten die Priester das gemarterte Volk, geduldig und demütig sein Kreuz zu tragen und auf das himmlische Heil zu hoffen.

Die meisten Gläubigen verstanden kaum die Worte des Seelenhirten, der nicht in ihrer Muttersprache zu ihnen redete. Darum war es kein Wunder, daß sie manchmal lieber nach dem alten Sprichwort handelten, der Bauer solle einer jungen Eiche und einem jungen Herrn beizeiten das Köpfchen stutzen, und daß sie also Sense, Forke und Dreschflegel zur Hand nahmen, um dem größten Unrecht zu wehren. Sicher, viel half es ihnen nicht, die Junker obsiegten bald, und die geschlagenen Habenichtse hatten härter zu fronen als bislang. Und sie sehnten sich danach, daß die schlafenden Helden im Berg Kaponiza erwachen und Land und Volk befreien möchten. Und in ihren Märchen erzählten sie sich, daß eines Tages aus dem Volke einer erstehen werde, ein mächtiger Held von großer Kraft und Macht, ein Zauberer gar, der die geheimen Mächte kennt, der Formeln weiß und Worte und allerlei Wissenschaften beherrscht und mächtiger ist als die Zwingherren auf den Schlössern.

2

Die Ärmsten unter dem armen sorbischen Bauernvolk waren die Hirten. Für ein Stück trocken Brot mußten sie die Schafe, Rinder und Schweine ihrer Wirte Tag um Tag in Wind und Wetter bei Sonnenaufgang auf die Weide treiben und hüten, bis am Abend der Hirtenstern erschien.
Und so ein armer Hirt lebte in dem Dorf Jitk am Rande der sorbischen Heide. Er lebte nicht besser und nicht schlechter als all die anderen Schaf-, Schweine- und Kuhhirten. Er hatte ein kärgliches Brot und mußte besonders im Winter oft am Hungertuche nagen und seinen Gürtel gar eng schnallen. Und dieser Hirt aus Jitk hatte einen Jungen; es war nicht sein eigener, sondern ein Stiefsohn, den man Krabat nannte. Natürlich mußte Krabat von Kind auf schon sein Brot und alles Lebensnotwendige selbst verdienen, er durfte nicht auf der faulen Haut liegen, sondern hatte die Gänse der Bauern zu hüten, damit er frühzeitig das Hirtenhandwerk erlerne.
Im Frühling und im Sommer war das Gänsehüten gar kein so übel Ding, vor allem dann nicht, wenn die Sonne milde Wärme herunterstrahlte, auf der Weide Blumen blühten, bunte Schmetterlinge sich von einer Blüte zur anderen wiegten und die Vögel im Gesträuch und in der nahen Heide lustig durcheinander sangen.
Was war da nicht alles zu sehen und zu hören! Der junge Krabat konnte sich gar nicht satt sehen an allem, was es da zu schauen gab, und allzugern wollte er noch mehr sehen, erkennen und wissen. Die ganze Welt schien ihm voller Wunder zu sein, voller Geheimnisse und Rätsel; aber niemand war da, der ihn hätte führen und leiten und ihm die Geheimnisse der Welt deuten und enträtseln können.
Ja, der junge Krabat hätte so gern gelernt, gern und viel gelernt; aber ihr müßt wissen, daß es damals noch keine Schulen gab, zumindest keine für die armen Kinder der hörigen Bauern. Schulen durften nur Söhne und Töchter vornehmer und reicher Leute, der Junker und der Stadtherren, besuchen. Und diese Jun-

ker und Reichen meinten, es wäre besser, wenn die Habenichtse weiter dumm bleiben; denn so konnten sie diese besser ausbeuten.
Und also zog der kleine Krabat mit seinem Vater von Walpurgis bis Simon und Judä auf die Weide. Manchmal mußten sie noch länger bleiben, bis der Frost zu beißen, die Winterschmetterlinge zu fliegen begannen und grimmige Kälte sie in das Hirtenhaus trieb. Der Winter ist kein Freund der Armen; er brachte auch in die Hirtenhütte Hunger und Not. Krabats Mutter wußte oft nicht, woher sie Mehl und Hirse für Brei und Suppe nehmen sollte; ja, oft genug ging selbst das liebe Brot zur Neige. Dann blieb nichts anderes übrig: Der junge Krabat mußte sich aufmachen, um betteln zu gehen. Das Betteln gefiel dem Jungen nicht. Er schämte sich, immerfort

zu bitten und den Backofenzins zu mahnen. Aber was half es – ein hungriger Bauch hat keine Ohren! Gute Leute hatten Erbarmen mit dem armen Jungen und verweigerten ihm das Almosen nicht, oft aber beschimpfte ihn ein reicher Geizhals und jagte ihn aus Haus und Hof.

3

Also zog der junge Krabat oft bettelnd durch das Land. Da geschah es einst, daß ihn seine Beine in die große, dunkle Heide trugen, die sich zwischen Hoyerswerda, Senftenberg und Bernsdorf erstreckte. Die Heide war voll träger, fauliger Gräben und schwarzer Wasserlöcher und Waldsümpfe und anderer dunkler und gespenstischer Winkel, wo im schwarzen Wasser der heimtückische Wassermann lauerte, in der Dämmerung die wilden Waldfrauen umherstreiften und nachts die Irrlichter flirrten. Manch ein Junge hätte sich gefürchtet, in diese gefährliche Gegend einzudringen, aber Krabat war kein Fürchtemich, und ihm

war nicht bange, Gespenstern in die Augen zu schauen. Zu gern wollte er wissen, was sich hinter der großen, wilden und sumpfigen Heide verbarg.
Nun – dort verbarg sich hinter drei Hügeln das uralte Dorf Schwarzkollm; dieses Dorf war vor langen Zeiten noch viel entlegener als heute.
Und nahe dem Dorf klapperte am Bach eine einsame Heidemühle.
Es war aber keine gewöhnliche Mühle. Das kann man schon daraus sehen, daß sie „Teufelsmühle“ genannt wurde. Der Müller war nämlich ein böser und schlechter Mensch, der den Leuten immerfort nur Schaden zufügte. Weniger zwar dadurch, daß er die Mahlgäste um ihr Mehl betrog – das machen ja auch andere habgierige und gewissenlose Müller –, nein, er war darüber hinaus ein schlimmer und gefährlicher Hexenmeister, der mit dem Bösen selbst im Bunde stand.
Er war aber nicht etwa nur so ein kleiner, unbedeutender Zauberkünstler, der auf neun Rainen fremdes Gras mäht oder am Stricke melkt, den Roten Hasen in die Nachbarställe schickt und den Bäuerinnen die Milch abrahmt, unter ihre Türschwellen Zaubermittel vergräbt, daß ihnen die Butter nicht gerät, ihre Kühe Molke anstatt guter, fetter Milch geben und verkalben, einer, der die Wolken verjagt, damit nicht die Leinwand verregnet, und der in der Walpurgisnacht auf einer Elster, einem Besen oder auf der Herdgabel zum großen Hexentreffen auf den Koschener Berg ausfährt.
Alle diese Stücke konnte natürlich der Kollmer Müller auch, aber selten nur befaßte er sich mit solchen Kleinigkeiten, weil sie ihm, dem Habgierigen, zuwenig einbrachten. Denn ihr müßt wissen, daß er ein Zauberer im großen war, der sich mit dem Bösen verbündet und befreundet hatte, damit er Geld, recht viel Geld fände und dazu noch Gold und Schätze und andere Reich-

tümer, die er scheffelte und häufte wie ein Hamster Weizen. Er glaubte nämlich, daß man mit Geld alles gewinnen könne, vor allem aber Macht, und nach Macht gierte er ganz besonders.
Der Schwarze Müller hatte zwölf Müllergesellen, aber es muß gesagt werden, daß es eigentlich nicht nur Müllergesellen waren, weil sie neben diesem Handwerk noch ein anderes hatten erlernen müssen, nämlich die Zauberei. Ja, die ganze Kollmer „Teufelsmühle“ war auch eine sogenannte Schwarze Schule! Allerdings lehrte der Müller seine Gesellen nur soviel, daß sie ihm gerade helfen konnten. Er wollte nicht, daß sie am Ende mit allen Wassern gewaschene Zauberer würden, die schließlich in seinen eigenen Garten ernten gingen und ihren Meister vielleicht sogar überträfen.

Es tat auch gar nicht gut, wenn einer zu fleißig lernte und zuviel konnte, weil sich das schlecht bezahlt machte. So ein Geselle Alleswisser blieb nie lange am Leben. Es geschah nämlich, daß alljährlich einer der Gesellen verschwand, und zwar jeweils der beste. Er ertrank im Mühlgraben, oder das Mühlrad erfaßte ihn, er geriet in das Getriebe oder fiel sich unter einem schweren Sack zu Tode. Die Leute aber munkelten, daß der Schwarze Müller auf diese Weise dem Bösen, seinem Herrn, Tribut für dessen Dienste zahlte...

In diese unheimliche Mühle verlief sich auch der junge Krabat. Hatte er vielleicht noch nichts von dem bösen Müller gehört? Aber auch wenn er es gewußt hätte, wäre er sicher vor der Mühle nicht umgekehrt. Er war ja nicht ängstlich, und außerdem wollte er doch zu gerne eine richtige, ordentliche Wassermühle sehen, weil man auf den Dörfern sonst nur einfache Handmühlen kannte. Dem Schwarzen Müller schien der fremde Betteljunge, der so neugierig in den Mahlraum starrte, ein kluger Bursche zu sein. Und weil eben gerade wieder einmal der zwölfte Geselle ein trauriges Ende gefunden hatte, nahm sich der Müller vor, das geweckte Kerlchen als neuen Lehrling einzufangen.

Nun, das gelang ihm leichter, als er gedacht hatte. Wenn einer gern will, braucht man ihm nur mit dem kleinen Finger zu winken!

Und etwas lernen, das hielt ja der junge Krabat gerade für eine bessere Beschäftigung als Gänse und Gänsel zu hüten und dorfauf, dorfab den Backofenzins zu mahnen. Und mit all dem seltsam klappernden Gerät – mit Mühlrad und -stein und -beutel – ordnend umzugehen, das schien ihm ein gut Ding. Und als der Müller zum Schluß noch tückisch lachend hinzufügte: „Außer dem Müllerhandwerk kannst du bei mir noch manches andere Nützliche erlernen“, schlug Krabat gern ein.

4

So wurde der junge Krabat Geselle in der Kollmer Mühle, wo er gemeinsam mit seinen elf Genossen so hart arbeiten mußte, daß ihm fast das Kreuz brach, weil der Müller ihnen kaum Zeit zum Aufatmen gönnte. Krabat gefiel seine neue Arbeit trotzdem gut, weil er sich gern rührte; und weil er sich immer bis unter den Gaumen satt essen konnte, erschien ihm dieses Leben anfänglich gar nicht so schlecht.

Der Schwarze Müller hatte nicht umsonst angedeutet, daß man bei ihm auch anderes als das Müllerhandwerk erlernen könne. Es wurde bald offenbar, daß er mehr vermochte als Brot essen, und er begann den jungen Krabat in allerhand Beschwörungen, Formeln und Hexereien einzuweihen. Nun, Krabat gefiel auch dieses zweite Handwerk zu Beginn nicht übel. Er war ja von Kindheit an wißbegierig gewesen und hatte alles kennenlernen wollen, und deshalb schien ihm das Zaubern eine kurzweilige Beschäftigung zu sein. Weil er aber gut auffaßte, wollte er schon bald mehr kennen und können als das, was ihnen der Meister beibrachte. Krabat meinte, daß sich noch sehr viel wunderbare Zaubereien und Weisheiten im „Koraktor“ verbargen, in jenem uralten Buche mit schwarzen Seiten und weißer Schrift, in welches der Müller keinen auch nur hineinblicken ließ.

So verging Monat um Monat, es wurde Frühling, Sommer und Herbst, und Krabat hatte alles erlernt, was der Schwarze Müller ihn lehren konnte oder wollte. Krabat hatte in der Zauberei alle

seine Gefährten überholt und war der geschickteste unter ihnen.
Nun aber begann er immer öfter darüber nachzudenken, was ihm die anderen erzählt hatten: daß nämlich zu Ende des Jahres immer einer von ihnen elendiglich umkomme. Wenn er das bedachte, wurde ihm doch angst und bange, und er hätte viel dafür gegeben, daß er recht weit weg von dieser Mühle wäre. Immer stärker wurde sein Heimweh nach der Hirtenhütte, nach Vater und Mutter, die er damals ohne Abschied verlassen hatte.
Gern wäre er seinem Herrn entflohen, aber er wußte nur zu gut, daß der die Macht hatte, ihn hier festzuhalten, und daß er ihn im guten nicht laufen ließe. Nur mit List und Schlauheit könnte man ihn vielleicht hinters Licht führen und sich retten.
Und Krabat – fuchsklug, wie er war – hatte sich schon etwas ausgedacht. Er bat den Meister, ihn auf einen oder zwei Tage nach Hause gehen zu lassen, damit er seine Eltern besuche, die er schon so lange nicht gesehen hatte und die ja gar nichts von ihm wüßten.
Das Wunder geschah: Der Müller erlaubte es!
Da war eitel Freude und Jubel in der Hirtenhütte in Jitk, als der schon verloren geglaubte Sohn plötzlich heimkehrte. Aber die Freude verging Vater und Mutter bald, als sie erfuhren, in welche Falle der junge Krabat geraten war. Jetzt erzürnte sich der Vater, und die Mutter rang die Hände und brach in Tränen aus. Nur Krabat selbst ließ nicht den Kopf hängen, sondern erklärte ihnen seinen Plan, wie er den Zauberer zwingen wollte, ihn freizulassen.
Und nun erzählte er der Mutter, sie müsse sich nach der Zaubermühle aufmachen und vom Müller ihren Sohn erbitten. Der Zauberer werde sie in ein finsteres Gelaß führen, worin alle Gesellen, in schwarze Krähen verzaubert, auf einer Stange sitzen würden. Dann werde der Müller die Mutter auffordern, unter den Krähen ihren Sohn herauszufin-

den. Wenn sie ihn fände, müßte der Zauberer ihn auf der Stelle freigeben; denn nichts vermag ein Zauberer gegen die Liebe einer Mutter.

Es würde ihr nicht schwerfallen, richtig zu raten, denn er, Krabat, würde sich unter dem linken Flügel putzen. Die Mutter solle sich sogleich diese Krähe ausbitten, und dann könnten sie beide froh nach Jitk heimwärts ziehen.

Die Mutter freute sich sehr. Nach einigen Tagen begab sie sich nach der Kollmer Mühle, wo alles so verlief, wie es Krabat der Mutter geraten und erklärt hatte.

Alle Gesellen saßen als schwarze Krähen in dem dunklen Gelaß auf der Stange; elf Krähen schauten nach rechts, die zwölfte aber putzte sich unter dem linken Flügel. Diese wählte die Mutter, und es war ihr Sohn Krabat, den der Schwarze Müller nun wütend und zähneknirschend aus seinem Dienst entlassen mußte.

Krabat aber zog frohgemut mit der Mutter nach Hause. Und mit nach Hause nahm er das Zauberbuch Koraktor, das er seinem Meister heimlich entwendet hatte.

5

In der Hirtenhütte in Jitk hatte sich kaum etwas verändert. Hunger und Not machten sich dort breit wie eh und je. Aber jetzt war Krabat nicht mehr gewillt, alles geduldig hinzunehmen, Schmalhans weiter Küchenmeister sein zu lassen und zufrieden Roggenmehlsuppe zu löffeln und trocken Brot zu kauen.

Er hatte ja in der Kollmer Mühle manches gelernt, und was ihn der Schwarze Müller nicht gelehrt hatte, hatte er selber aus dem Zauberbuch, das er seinem Meister entwendet hatte, herausstudiert. Deswegen hatte er nun die Macht, sich und den Seinen zu helfen.

Und der kluge Krabat sprach zu seinem Vater: „Hört zu, Vater, mir gefällt das nicht! Andere fressen sich einen Wanst an, und wir sollen immer am Hungertuche nagen. Dem mag ich nicht länger zuschauen. Ich habe ja schließlich in der Kollmer Mühle manches gelernt! Wißt Ihr was, Vater? Ich verwandele mich in einen fetten Mastochsen, dann könnt

Ihr mich für gutes Geld den Kulower oder Kamenzer Viehhändlern, diesen verfluchten Beutelschneidern, verkaufen. Nun, erschreckt nicht! Ich lasse mich weder schlachten, noch will ich ewig ein Ochse bleiben. Ich werde denen schon wieder entkommen und kehre als Euer Sohn Krabat zu Euch zurück. Eines ist aber notwendig, nämlich daß Ihr die Kopfkette nicht mit verkauft, sonst könnte ich nicht wieder aus der Haut des Ochsen heraus und vermöchte mich nicht in einen Menschen zurückzuverwandeln."
Der Vater entsetzte sich über solche vermessenen Worte, und auch, als er sich halbwegs beruhigt hatte, wollte er nichts von der Sache wissen; war er doch ein braver und demütiger Mensch, einer von jenen Hörigen, die sich immer als Fußabstreicher von den Herren behandeln ließen und nie auf den Gedanken kamen, sich selbst zu helfen. Zwar waren diese Kulower und Kamenzer Viehhändler große Halunken, richtige Ausbeuter und Blutegel, die die armen Bauern betrogen und ihnen das Hemd vom Leibe zogen, wann immer sie konnten, so daß ihnen von ihren Betrügereien dicke Wänste gewachsen waren. Aber diesen Betrügern einen Teil ihres unredlich erworbenen Gutes zu nehmen – nein, daran wagte Krabats Vater nicht einmal zu denken.
Nun – der alte Hirte hatte keine Zeit, sich die Sache gründlich durch den Kopf gehen zu lassen, weil nämlich Krabat plötzlich verschwand und vor dem Fenster ein Mastochse zu brüllen begann, ein wahrer gehörnter Berg, so wie der Hirt zeitlebens noch keinen gesehen hatte.
Der Hirt erfaßte schnell, daß sich in der Ochsenhaut sein Stiefsohn verbarg, er zögerte noch ein Weilchen, aber dann folgte er dem fordernden Brüllen des Ochsen, seufzte auf und nahm die Kopfkette in die Hand, um den Ochsen auf den Viehmarkt nach Kulow zu führen.
Der ungewöhnlich fette Ochse erregte auf dem Viehmarkt kein

geringes Aufsehen. Händler aus Kulow und Kamenz liefen vor diesem gemästeten Riesen zusammen und rissen sich um ihn. Schließlich stach ein Kamenzer alle aus und kaufte den Ochsen, indem er viele harte Taler für ihn aufs Brett zählte. Krabats Vater schob das Geld in den Beutel, nahm die Kopfkette an sich und eilte nach Hause.

Auch der Kamenzer Viehhändler machte sich auf den Heimweg. Er freute sich, daß es ihm wieder einmal gelungen war, einen sorbischen Dorftölpel über den Löffel zu balbieren, und rechnete sich aus, wieviel er wohl in Kamenz für den fetten Ochsen erhandeln würde. Inzwischen war er nach Jitro gekommen, wo ihn die Schenke am Wege mächtig anzog. „Auf diesen guten Kauf kann ich mir schon ein Gläschen erlauben", sagte er sich und trat ein, und weil er in der Schenke einige seiner Kumpane antraf, fingen sie bald an, den Humpen um die Wette zu heben. Den Ochsen hatte er in den Stall stellen lassen, und damit er sich nicht heimwärts sehne, hieß er die Magd, dem Gehörnten Heu zu geben.

Krabat aber hatte schon genug vom Ochsenleben, und als die Magd mit einem Bund Heu in den Stall trat, brummte er mit menschlicher Stimme:

„Dein dummes Heu mag ich nicht. Bringe mir lieber einen recht saftigen Schweinebraten mit Knödeln und Sauerkraut!"

Da könnt ihr euch denken, daß die Magd augenblicklich ihr Heu fallen ließ und vor Schreck fast umfiel: Mit einem sprechenden Ochsen hatte sie es bisher noch nie zu tun gehabt. Sie stolperte in die Schenkstube und berichtete den schon angeheiterten Trinkern, vor Aufregung stotternd, von dem wählerischen Ochsen.

Die Zechbrüder lachten sie zunächst aus, dann aber gingen sie doch mit ihr in den Stall, um sich mit eigenen Ohren von diesem Wunder zu überzeugen. Aber dort war kein Ochse mehr zu sehen, nur ein kleines Schwälbchen schwang sich über ihre Köpfe hinweg aus dem Stall. Das war aber unser Krabat, der sich unterdes in eine Schwalbe verwandelt hatte und nun eilends nach Jitk flog, wo er anlangte, noch bevor der Vater vom Markt aus Kulow heimgekehrt war.

6

In der Hirtenhütte in Jitk ging es nun allen sehr gut. Mit dem erhandelten Geld kauften sie sich Speise und Trank und konnten sich nach vielen Jahren des Hungerleidens endlich satt essen und sich tagtäglich sozusagen Speck in Butter braten. Bei Fleisch und Wurst vergaßen sie schnell und gern Kraut und Grütze.

Doch nach und nach ging das Geld zur Neige, und die Not kehrte in die Hütte zurück. Jetzt kam die Not sie noch viel schwerer an, weil sie das Darben und Hungern verlernt hatten.

Krabat aber wußte von neuem Rat: „Wir werden keinen Hunger mehr leiden. Geld muß wieder ins Haus! Diesmal verwandele ich mich in ein gutes Roß, und der Vater bringt mich auf den Pferdemarkt nach Kulow und hängt mich dort einem der betrügerischen Pferdehändler auf. Das bringt uns einen Haufen Goldfüchse ein, und wir können wieder aus dem vollen leben und feiern. Nur, um Gottes willen, Vater, verkauft nicht das Halfter mit! Ihr brächtet mich ins Unglück, und ich könnte nicht wieder zu Euch heimkehren als Euer Sohn Krabat!“

Die Mutter erschrak und riet ihnen ab, aber Krabat und der Vater hatten Ohren aus Eichenholz; sie wollten ihr gutes Essen wiederhaben. So dauerte es nicht lange, bis Krabat als feuriges Reitpferd vor der Hütte tänzelte. Der Vater schwang sich auf seinen Rücken und ritt nach Kulow. Auf dem Pferdemarkt gingen den Leuten die Augen über vor diesem wunderbaren Roß, und die Händler drängten sich um den Vater wie die Fliegen um den Honigtopf. Natürlich strengten sie ihre Beutel gewaltig an, um den stolzen Rotfuchs zu erstehen. Am meisten aber drängte sich ein rothaariger Fremder vor; wie eine Klette war er und anscheinend von gutem Beutel, und er erstand schließlich für sündhaftes Geld das Pferd.

Krabats Vater hatte sich die Mahnung seines Stiefsohnes gut gemerkt und wollte dem Pferd das Halfter abstreifen, aber der fremde Käufer stieß ihn zur Seite, schwang sich aufs Pferd und ritt im Galopp davon.

Krabat, der im Pferd steckte, hatte gleich erkannt, wen er da als Reiter auf dem Rücken trug: nämlich den bösen Kollmer Müller! Der war damals über alle Maßen wütend geworden, daß er seinen besten Schüler freilassen mußte, den er dem Bösen hatte opfern wollen, und noch mehr erbost hatte er sich, als er merkte, daß Krabat sein Zauberbuch mitgenommen hatte. Lange Zeit hatte er vor Zorn gekocht und insgeheim Rache gebrütet. Als er die Kunde von dem seltsamen Ochsen in der Schenke zu Jitro vernommen hatte, kam er wohl bald dahinter, wer sich da in der Ochsenhaut versteckt hatte. Nun hatte sich ihm eine Gelegenheit geboten, die er voll ausnutzen wollte: Er hatte Krabat erwischt!

Der garstige Reiter schlug mit der Peitsche auf den armen Krabat ein und stieß ihm die Sporen

in die Weichen, daß das Blut nur so strömte. Ohne Ruhe zu geben, jagte er das Pferd unbarmherzig über Stock und Stein, daß der gequälte Krabat in Schweiß gebadet nach Luft rang und schrecklich keuchte.

Aber der Schwarze Müller hatte sich noch größere Qual für ihn ausgedacht. Vor einer Schmiede mitten in der Heide hielt er an und hieß den Schmied, dem jungen Tier gleich und auf der Stelle vier Hufeisen aufzuschlagen – und zwar glühende.

Der Schmied erschrak vor solch grausamem Verlangen und merkte sogleich, daß hier kein gut Ding gespielt werde. Er wollte sich gern drücken und bat deswegen den Fremden in die Schmiede, damit er selbst die Eisen aussuche.

Der Schmied hatte einen Lehrjungen; dem befahl er, das Pferd zu halten, und als dieser das ermattete Tier mitleidig streichelte, flüsterte es ihm auf einmal mit menschlicher Stimme ins Ohr: „Ach, ich bitte dich, streife mir doch schnell das Halfter übers linke Ohr herab!“

Der Lehrling war zwar sehr überrascht, aber es schien ihm, als

müsse er dem Pferd gehorchen, und er streifte das Halfter ab. Da verschwand ihm unversehens und urplötzlich das Pferd unter den Händen, und zugleich hob sich über ihm eine kleine Lerche zum Himmel hinauf.
Als der Schwarze Müller aus der Schmiede trat und sein Pferd nicht mehr vorfand, sondern statt dessen das trillernde Vöglein am Himmel sah, erriet er gleich, was geschehen und was für ein Vöglein das war.
„Warte nur, Halunke, dich erwische ich schon wieder!" knirschte er und hatte sich schon in einen Habicht verwandelt und jagte hinter der Lerche her. Nun – solch ein Raubvogel fliegt weit schneller als ein kleines Singvögelchen, und sicher hätte er es bald eingeholt und gefaßt, und um Krabat wäre es geschehen gewesen, wenn der sich klugerweise nicht schnell wie ein Stein zur Erde hätte fallen lassen, und zwar geradewegs in einen offenen Brunnen hinein, wo er sich sogleich verwandelte und als Fisch im Wasser umherschwamm.
Krabat meinte, sein Feind hätte die Spur verloren, und dachte darüber nach, wie er wieder aus dem tiefen Brunnen herauskäme. Und schau, da kam ein Mädchen mit einem Eimer, um Wasser zu holen. Krabat, der Fisch, schwamm schnurstracks in den Eimer hinein und verwandelte sich in einen goldenen Ring.
Das Mädchen wunderte sich nicht wenig, als es das glitzernde Ding im Eimer bemerkte, es war ein funkelnder, kostbarer Ring, und das Mädchen steckte ihn fröhlich an seinen Finger. Der wunderschöne Ring gefiel ihm über alle Maßen, und es freute sich sehr darüber.
Aber da trat unversehens ein fremder rothaariger Mann hinzu und bot ihm für den Ring einen Beutel Goldes und noch mehr, doch es weigerte sich, ihm den Ring zu verkaufen. Ihr habt sicher schon erraten, daß das wieder der böse Kollmer Müller war, der ganz und gar nicht die Hoffnung hatte fahrenlassen, seinen ehemaligen Lehrling in seine Fänge zu bekommen, um an ihm seine Rachegelüste zu stillen. Nun – auch diesmal war es ihm mißlungen!
Das Mädchen schaffte das Wasser ins Haus und kam auf den Hof zurück, um die Hühner zu

füttern. Und dabei glitt ihm doch der Ring vom Finger, weil sich Krabat dort schon langweilte, und er verwandelte sich in ein Haferkörnchen. Aber schon war der Zauberer wieder da, der auf Krabat gelauert hatte. Flugs verwandelte er sich in einen Hahn und begann eifrig die Haferkörnchen aufzupicken; er hoffte, so auch Krabat zu erwischen.
Jetzt aber riß Krabat die Geduld. Er hatte es satt, sich andauernd vom bösen Müller jagen und verfolgen zu lassen. Er entschloß sich, ein Ende mit dem Feind zu machen und ihn sich so auf immer vom Halse zu schaffen. Deswegen verwandelte er sich im Augenblick in einen Fuchs, warf sich auf den Hahn, in dem der Zauberer steckte, faßte ihn und biß ihm die Gurgel durch.
So fand der böse Müller und Zauberer aus Schwarzkollm ein elendes Ende; er hatte viele Verbrechen begangen, hatte gute Menschen gequält und ihnen geschadet, und nun hatten Krabat und alle braven Leute ringsum endlich Ruhe und Frieden, und sie freuten sich über die Maßen und jubelten laut.

7

So war Krabat einer großen Gefahr entgangen, und weil sein böser Feind vernichtet war, konnte er sich in Ruhe seines Lebens freuen. Das verwandelte Pferd hatte ihnen so viel Geld eingebracht, daß sie lange sorglos leben konnten. Dabei lagen sie aber nicht auf der faulen Haut, sondern betrieben weiter ihr Hirtenwerk.
Auch Krabat führte täglich eine Herde Schweine auf die Weide. Dabei kam ihn keine Langeweile an, weil er sich die Zeit mit allerhand Künsten und Zaubereien vertrieb.
So vergnügte er sich eines Tages damit, seinen Schweinen zu befehlen, in Ordnung sich auf die Hinterfüße zu stellen und zu tanzen. Und dazu blies ihnen Krabat auf der Tarakawa lustige sorbische Weisen.
Da fuhr auf der Landstraße ein prächtiger geschlossener Wagen vorüber, ein sehr schöner, vornehmer, vergoldeter Wagen mit sechs Schimmeln an der Deichsel und einem prachtvoll gekleideten

Kutscher auf dem Bock, mit Kutschlakaien und Dienern und mit einem Vorreiter und dazu einer Anzahl vornehmer Reiter, samtener geschniegelter und gestriegelter Herren mit Tressen und Borten und langen Perücken – niemals noch hatte Krabat so lächerlich aufgeputzte Leute gesehen. Und in dieser prächtigen Kutsche saß ein wohlbeleibter Herr in prachtvoller, goldgewirkter Kleidung, und das war der König August der Starke selbst, der in Polen gewesen war und nun nach Dresden zu neuen Gelagen und Festen zurückkehrte.
Der König hatte auf seinen Reisen schon mancherlei gesehen und seltsame Dinge erlebt, aber tanzende Schweine waren ihm doch noch nicht vor die Augen gekommen. Kein Wunder also, daß er sofort anzuhalten befahl, um diesen Schweinezirkus genau zu betrachten.
Der König meinte, daß ein Bursche, der Schweine tanzen lassen konnte, wohl auch noch manches andere vermöchte, und nahm ihn ohne lange Verhandlungen alsogleich mit nach Dresden. Ein König ist natürlich ein mächtiger Mann, der niemanden fragt, ob er will oder nicht; deswegen nahm er auch Krabat kurzerhand am Kragen, setzte ihn in die Kutsche und fuhr mit ihm davon – heiderassassa – nach Dresden.
Der Vater durfte sich später die Schweine allein zusammensuchen und sich den Kopf darüber zerbrechen, was wohl mit seinem Stiefsohn geschehen wäre.
In Dresden wußte der König nicht, was er nun eigentlich mit dem unterwegs aufgelesenen sorbischen Schweinehirten tun solle – er hatte den Kopf wieder voll anderer Dinge. Deswegen steckte er Krabat zunächst in die Küche, damit er dort dem Hofkoch zur Hand ginge, ihm Wasser trüge, Geflügel ausnähme, Zwiebeln und Knoblauch schneide, Meerrettich schabe, Töpfe und Pfannen säubere und ähnliche verdrießliche Arbeiten, die weder Herrschafts- noch gar Hofköche gern selbst tun, auf sich nähme.

Natürlich brauchte Krabat dabei keinen Hunger zu leiden, weil genügend Leckerbissen für ihn abfielen, aber ein reines Honiglecken war seine Arbeit auch nicht. Der Hofkoch war nämlich ein rechter Griesgram, solch ein unfreundlicher, boshafter Kerl, der den Dorfburschen nicht ausstehen konnte, ihm auch des öfteren ohne Grund eine Maulschelle gab oder ihn an den Ohren oder Haaren zerrte und auf andere Weise peinigte.
Das ärgerte Krabat nicht wenig, und er bedachte sich, wie er es dem Koch gelegentlich zurückzahlen könne. Diese Gelegenheit ergab sich bald.
Wieder einmal hatte der König viele vornehme Herren und Damen zu einem großen Festschmaus eingeladen, und der Küchenmeister hatte es gar eilig, alles vorzubereiten. Er mußte gebackene Hähnchen mit Nudeln bereiten, die der König ganz besonders gern aß. Der Küchenmeister war an diesem Tage wieder garstig wie ein alter Stiefel, weswegen für Krabat manche Ohrfeige abfiel.
„Nun langt es mir aber", erzürnte sich Krabat. „Ich lasse es mir nicht länger gefallen, daß dieser Lümmel von einem Sudelkoch sich an mir die Stiefel abwischt. Ich werde es ihm besorgen!"
Nun, er besorgte es ihm auch! Wie, das sollt ihr sogleich erfahren.
Die Backhähnchen waren nach Meinung des Küchenmeisters ganz besonders gut geraten, und auch die Nudeln waren ohne Tadel. Die königlichen Diener brachten die Leckerbissen in verdeckten Silbergefäßen in den Speisesaal des Königs. All den hochwohlgeborenen Herren und Damen lief schon das Wasser im Munde zusammen, als die Speisen herangetragen wurden und gar lieblich dufteten.
Sie hoben die Deckel. Gottsdonner und Schockschwerenot – was war denn das? Statt der Backhähnchen machten sich in den Schüsseln garstige lebende Frösche breit, und an Stelle der Nudeln krochen Regenwürmer aus den Gefäßen. Die vornehmen Damen und Jungfräulein fielen vor Entsetzen in Ohnmacht, und auch den Herren, ja sogar den Generalen fiel das Herz in die Hosen, und ihnen wurde übel vor dieser Speise.

Dem starken König fuhr die Wut ins Herz. Schmutzige Frösche und Regenwürmer auf der königlichen Tafel – das war ein starkes Stück, das war – bei Gott! – eine Schande und eine offene Verhöhnung Seiner Königlichen Majestät. Der König war wütend. Auf der Stelle ließ er den Küchenmeister herbeiführen. Der jammerte und bat um Gnade, wobei er schwor, unschuldig zu sein, aber das half ihm nicht einen Pfifferling; er entging dem Gefängnis nicht.
Ganz bestimmt habt ihr schon erraten, wer dem Koch den Schabernack gespielt und die Backhähnchen in grausliche Frösche und die Nudeln in eklige Regenwürmer verwandelt hatte. Natürlich hatte das unser Krabat getan, und das kam schließlich auch ans Tageslicht. Und der König wollte fürder nichts mehr mit einem solch gefährlichen Burschen zu tun haben und schickte Krabat sofort und auf der Stelle nach Hause. Und dieser war damit auch ganz und gar einverstanden.

8

Krabat wollte nicht länger Hirte sein. Er war ja in der Fremde, sogar im Königsschloß in Dresden gewesen, und nun erschien ihm sein heimatliches Jitk als ein gar zu enges Nest. Er entschloß sich, die Heimat zu verlassen. In Schwarzkollm hatte er damals auch einiges vom Müllerhandwerk gelernt, und also machte er sich jetzt als wandernder Müllergeselle auf den Weg, zog von Mühle zu Mühle, um da und dort kurze Zeit zu arbeiten; manchmal bat er auch nur um Wegzehrung und wanderte weiter und lernte Land und Leute kennen.
Seine Fähigkeiten im Zaubern konnte er dabei oft gebrauchen und anwenden, und meistens mußten die Müller für seine Streiche herhalten. Wo sie ihn mit freigebiger Hand begrüßten, brauchten sie es nicht zu bereuen; er belohnte sie reichlich und gut. Wo Windmühlenflügel wegen Windstille nicht schnurren und sich nicht drehen wollten, dort ließ Krabat den braven Müllern einen Wind wehen, ge-

rade recht für eine Mühle; einem geizigen aber schickte er einen solchen Sturm gegen die Flügel, daß die ganze Mühle umfiel, und das geschah dem recht! Einem unleidlichen Müller nahm er auch den letzten Tropfen Wasser vom Rad, so daß es in der Mühle still wie in der Kirche wurde, einem gutherzigen Meister aber, welcher der großen Trockenheit wegen schon wochenlang untätig die Daumen hatte drehen müssen, verschaffte er Wasser zur Genüge.
So wanderte Krabat durchs Land, bestrafte geizige und faule und böse und schlechte Leute, spielte ihnen übel mit und tat ihnen Possen an; gute und freigebige und fleißige Menschen aber belohnte er, unterstützte sie und half ihnen, wo immer er vermochte.
Bald erzählte man sich im ganzen Land von den Stückchen und Streichen des guten Zauberers Krabat. Die armen und geschundenen und gedemütigten Leute waren voller Freude und rühmten Krabat, die Reichen und die Ausbeuter aber begannen ihn zu fürchten.

9

So zog Krabat als wandernder Müllergeselle durch das Land, das Bautzener, Cottbusser und das Meißnische, und sicher wäre er noch lange straßauf, straßab umhergezogen, wäre ihm nicht etwas dazwischengekommen, was sein Leben gründlich umstülpte.
In dieser Zeit nämlich führte der Kaiser gerade wegen Ungarn Krieg mit den Türken, die das Land nicht aus ihrer Gewalt lassen wollten. Der sächsische König zog mit dem Kaiser am gleichen Strick und mußte ihm gegen die Türken helfen. Dazu brauchte er natürlich Soldaten, die ihre Haut zu Markte tragen wollten. Der König befahl also seinen Werbern, neue Soldaten mit List und Gewalt für ihn einzufangen, recht kräftige und gut gewach-

sene Burschen, die es wohl mit den Türken aufnehmen könnten. Und den Werbern des Königs fiel auch Krabat auf – war er doch ein hübscher, großer Kerl –, und Krabat geriet in ihre Falle und Gewalt; und also geschah es, daß er wieder nach Dresden mußte, diesmal als Rekrut in die Kaserne.

Krabat mußte nun zusammen mit seinen Kameraden schießen, stechen und hauen lernen, vor allem aber marschieren und gehorchen, und dabei tanzte ihm der Korporalsstock gar oft auf dem Rücken, wie es damals bei den Soldaten gang und gäbe war. Nach einigen Monaten hatte er soviel gelernt, daß man ihn als brauchbaren Soldaten ins Ungarland dem König in den Krieg nachschickte.

Der König August, der sehr auf seine Ehre hielt, durfte des Kaisers Heer befehligen. Und das tat nicht gut! Der König August war, wie ja bekannt ist, ein mordsstarker Bursche, der Hufeisen wie Brezeln mit der Hand zerbrach und sogar einen erwachsenen Trompeter mit ausgestrecktem Arm in der Luft halten konnte, aber vom Kriegshandwerk verstand er rein gar nichts. Deswegen verlor er auch schon das erste Scharmützel mit Schimpf und Schande. Schlimmer noch war es, daß die Türken dabei ihn selbst erwischten und in die Gefangenschaft führten.

Oh, welch ein Jammer! Das Heer war nun ohne Führer und Sachsen ohne König. Was sollte man machen? Die Generale und Obristen ließen die Köpfe hängen, schlichen traurig herum, pflogen Rat und wälzten Pläne. Was sollte man nur beginnen?

Sie dachten nach, bedachten alles und überdachten jedes...

Schließlich hatte ein Oberst einen Einfall:

„Hört zu! Da fällt mir eben ein, daß ich in meinem Regiment so einen sorbischen Riesenbengel, einen Schweinehirten oder Wanderburschen habe, er nennt sich Drawat oder Kabat oder so ähnlich. Der soll mehr als Brot essen können – nun, er ist so ein kleiner Hexenmeister, den wir eigentlich verbrennen müßten! Also dieser Drawat oder Kabat soll sich in ein Pferd, einen Ochsen oder irgendein anderes Vieh verwandeln können – er hat auf diese Weise einst einem Viehhändler

gehörig eins ausgewischt, und auch in des Königs Küche hat er einmal einen Bubenstreich vollbracht. Also, ich denke, dieser verteufelte sorbische Zauberer könnte vielleicht unserem guten König aus dem Dreck, wollte sagen, aus der Gefangenschaft heraushelfen. Was meint ihr dazu?"

Nun, die Generale und die anderen Obristen waren verschiedener Meinung, aber weil ihnen nichts Gescheiteres einfallen wollte, entschieden sie schließlich, man solle es einmal mit diesem sorbischen Zauberer versuchen.

Sie ließen den Soldaten Krabat vor sich kommen und befahlen ihm, sich sofort und auf der Stelle zu den Türken zu begeben, ihren König und Feldherrn aus der Gefangenschaft zu befreien und herzuschaffen. Wie, das sei seine Sache! Wozu wäre er denn sonst ein ausgekochter Zauberer!

Krabat scheute nicht im geringsten vor diesem Auftrag zurück, sagte nur „Zu Befehl!" und verlangte ein gutes Roß. Man führte es heran, Krabat schwang sich hinauf, und schon – hui – ritt er auf und davon, so wie ein Pfeil von der Sehne fliegt.

Zunächst ritt Krabat die Straße entlang, dann aber jagte er querfeldein, und schließlich – hört zu! – hob er sich in die Luft und flog hoch am Himmel schneller als eine Schwalbe durch die Wolken dahin.

So ein Ritt brachte ihn natürlich schnell vom Fleck, und bald schon war er über den Türken. Unter ihm leuchteten weiß die Zelte des türkischen Lagers, und dazwischen wimmelte es von Soldaten. Krabat bemühte sich, möglichst unbemerkt aus den Wolken heraus und jenseits des Lagers auf die Erde zu kommen. Und das gelang ihm auch.

Nun ließ Krabat sein Pferd laufen, wohin es mochte, und stahl sich ins Türkenlager hinein, natürlich nicht in seiner menschlichen Gestalt und schon gleich gar nicht in der roten Uniform eines sächsischen Fußsoldaten – da hätten ihn die Türken in Stücke zerhackt. Nein, er verwandelte sich in einen Hund, und einen solchen Köter beachtete niemand im Lager.

Nach kurzer Zeit fand er das Zelt heraus, in welchem die Türken

ihren königlichen Gefangenen festhielten und bewachten. So ein kleiner Hund wedelt sich überall durch und überall hinein, und so schlüpfte auch er an dem bärtigen, furchterregenden Wächter vorbei ins Zelt, wo der König traurig den Kopf hängen ließ und Pläne wälzte, wie er aus dem Unglück herauskommen könnte, und nichts wollte ihm einfallen.
Nachdem Krabat ins Zelt geschlüpft war, säumte er nicht, sich vom Hund wieder in einen Menschen zurückzuverwandeln. Da könnt ihr euch denken, daß der König nicht wenig überrascht war, als vor ihm, wie aus dem Boden gewachsen, ein sächsischer Musketier erschien. Und dieser Musketier ließ ihn nicht einmal zum Sprechen kommen, sondern flüsterte:
„Ruhe, Herr König! Unterhalten können wir uns später. Jetzt müssen wir sehen, daß wir uns aus dem Staube machen und den verflixten Türken entwischen. Haltet Euch an meinen Rockschößen fest! Alles andere überlaßt mir. Also, los!"
Nun, der König hielt den Mund, faßte fest in die Rockschöße seines Soldaten, und schon flog der – hui – mit ihm aus dem Zelt hinaus, daß alle Vorhänge und Teppiche nur so flatterten und der bärtige Wächter rücklings zu Boden stürzte.
Im Türkenlager entstand wilde Aufregung und großes Geschrei, als der sächsische König, an den Rockschößen seines Soldaten hängend, durch die Luft aus der Gefangenschaft entfloh. Der türkische Feldherr, der Großwesir, raufte sich voller Wut den schwarzen Bart, dann aber erinnerte er sich, daß er unter seinen Janitscharen auch einen Zauberer hatte, der vor Jahren von den Sachsen übergelaufen und Türke geworden war.
Der übergelaufene Zauberer erhielt den Befehl, sofort hinter dem sächsischen König herzusetzen und ihn lebend oder tot ins Lager zurückzubringen.
Ein Soldat muß gehorchen, auch wenn er ein Zauberer ist. Der

Überläufer verwandelte sich in einen schwarzen Adler, so ein gefährliches Krallentier, und war schon bald den beiden Flüchtlingen auf den Fersen.
Dem König wurde angst und bange, als das schwarze Vogeltier seine Fänge nach ihm ausstreckte. Doch Krabat wußte Rat: Er murmelte ein Zaubersprüchlein, und schon wogte hinter ihnen eine dicke, dicke Nebelwand, und ihr Verfolger konnte sie nicht mehr sehen. Aber das half nur kurze Zeit. Der Überläufer war ein mit allen Wassern gewaschener Zauberer und hatte gar bald die Nebelwand überwunden und richtete seine scharfen Fänge erneut auf den König, dem vor Angst alle Glieder zu zittern begannen.
„Einschüchtern lassen wir uns nicht!" tröstete ihn Krabat, murmelte wieder ein Sprüchlein, und alsogleich wuchs eine riesenhohe Mauer zwischen den Fliehenden und ihrem Verfolger empor.
Der schwarze Vogel aber überwand auch dieses Hindernis.
„Das gefällt mir nicht", sagte Krabat, „jetzt muß ich ein ungutes Mittel anwenden. Aber Not hat ihr eigen Gebot!"
Und er forderte den König auf, sich einen goldenen Knopf vom Rock zu reißen, und mit diesem Knopf lud Krabat seine Flinte, zielte über die Schulter nach hinten und schoß. Nun, er hatte nicht vorbeigetroffen: Ein Aufschrei bewies, daß sie sich ihres Verfolgers entledigt hatten.
Der Aufschrei verriet Krabat aber auch noch etwas anderes: Er hatte die vertraute Stimme eines Gefährten, eines guten Freundes erkannt, mit dem er gemeinsam in der Kollmer Mühle dem Hexenmüller gefront und auch das Zauberhandwerk erlernt hatte. Krabat wurde sehr traurig, daß er im Dienste des Königs seinen Freund hatte töten müssen, und seufzte auf: „So ist das immer: Die Großen haben sich in den Haaren, und das Volk muß für ihr Wohlergehen seine Haut zu Markte tragen. Und Freunde müssen einander erschlagen, nur wegen der Abenteuer und Dummheiten der Könige und Herrscher!"
Und Krabat kehrte mit dem König an seinen Rockschößen ins sächsische Lager zurück. Der König freute sich, aber Krabat trauerte um seinen toten Freund.

10

Eigentlich hätte der König nun froh und zufrieden sein müssen, daß sein Abenteuer so gut ausgegangen und er heil und gesund aus dem Türkenlager entkommen war. Er hätte vorsichtiger sein müssen. Scheut doch ein gebranntes Kind immer das Feuer. Aber nein – der König war nicht klüger geworden! Er hatte die Absicht, sich erneut in das Türkenlager zu begeben. Warum auch nicht? Hatte er doch einen guten Zauberer als Soldaten zur Hand, der ihn sicher dahin tragen und auch hierher zurückbringen würde! Vielleicht gelänge es ihm im Lager, die geheimen Kriegspläne und Absichten der Türken auszukundschaften? Hei, das wäre ein gefundenes Festessen für ihn! Vielleicht gelänge es ihm dann am Ende, die Türken zu schlagen und den Krieg zu beenden?

Man befahl Krabat, sich sofort mit dem König wieder ins Türkenlager zu begeben. Ein Soldat muß gehorchen, auch wenn er ein Zauberer ist!

Krabat dachte sich etwas Neues aus:

„Die Türken werden klug geworden sein“, sagte er. „Sie werden aufpassen und den Himmel scharf überwachen – da können wir uns in der Luft in unserer wirklichen Gestalt nicht mehr zeigen!“

Aber was tut das! Er verwandelte sich und den König in zwei ganz kleine Fliegen, welche frohgemut zum türkischen Lager schwirrten. Es dauerte zwar ein wenig länger, dafür aber gelangten sie um so sicherer hin.

„Solange wir Fliegen bleiben, kann uns nichts geschehen. Fliegen und Mücken gibt es im Lager mehr als genug, und niemand beachtet sie. Aber vor Silber müssen wir uns in acht nehmen! Sobald wir irgendeinen Gegenstand aus Silber auch nur leicht berühren, werden wir wieder zu Menschen. Und dann ergeht es uns schlimm!“

Nun, der König versprach, allem Silber aus dem Wege zu gehen.

Im Lager hatten sie Glück: Die türkischen Obristen waren eben im Zelt des Großwesirs zum Kriegsrat zusammengekommen, hockten über Kartenblättern und pflogen Rat, wie sie am besten

und glücklichsten den deutschen Kaiser und seine Verbündeten schlagen könnten.
Krabat und der König hatten schnell das Zelt des Oberbefehlshabers entdeckt und beteiligten sich als Fliegen eifrig an der Beratung.
Den größten Eifer und die meiste Neugier zeigte natürlich der König, er war so aufdringlich, daß er andauernd auf der Landkarte zwischen den Fingern und den Bleistiften der türkischen Obristen herumkroch, um ja recht viel zu erfahren und auszukundschaften. Es ist kein Wunder, daß die Türken schließlich über diese verflixte freche Fliege ergrimmten und der Großwesir selbst sie zu fangen und ihr den Garaus zu machen suchte.
Nun, jetzt hatte es der König sehr eilig, sich aus dem Staube zu machen. Er floh, dabei paßte er nicht gut auf oder irrte sich ein-

fach – kurz und gut, er streifte einen silbernen Löffel, der mitten auf dem Tische lag.
Was nun folgte, könnt ihr euch sicherlich vorstellen: Der König und mit ihm auch Krabat wurden alsogleich Menschen. Die Türken sperrten Maul und Augen auf, als auf einmal der goldbetreßte sächsische König und an seiner Seite ein sächsischer Soldat dastanden. Bevor sie sich fassen konnten, stürzte Krabat mit dem König schon aus dem Zelt heraus.
Jetzt aber jagten alle Türken hinter ihnen her. Am schnellsten lief ein türkischer Soldat, der ihnen dauernd auf den Fersen blieb. Den wollte Krabat gern loswerden, aber schon wieder einen Menschen töten – das wollte er nicht. Aber er wußte sich Rat: Er trug bei sich einen eisernen Reifen, den warf er dem türkischen Soldaten über den Kopf, der Reifen rutschte dem über die Schultern bis auf die Füße, schloß sich dort ganz schnell zusammen und fesselte den Soldaten, daß er umfiel. Nun durfte er sehen, wo er einen Schlosser findet und zu Hilfe ruft, daß der ihn mit der Feile vom Reifen befreit.

Unterdes aber war Krabat mit dem König entflohen.
Das war das letzte Kriegsabenteuer Krabats. Der Krieg ging bald darauf zu Ende, weil die Türken arge Prügel bezogen. Ob Krabats Zaubereien dazu verholfen hatten oder ob die Türken auch so verloren hätten, kann ich nicht sagen – auf jeden Fall war wieder Frieden, die Soldaten zogen nach Hause und waren frohen Muts.

II

Könige und Fürsten sind für gewöhnlich undankbar. Sie denken eben, es sei die Pflicht des gemeinen Mannes, ihnen zu dienen, und dafür – so meinen sie – braucht es keinen besonderen Dank und Lohn. Wir würden uns deswegen auch nicht weiter wundern, wenn der sächsische König seinen Retter Krabat mit leeren Händen nach Hause geschickt hätte, wenn er auch sonst ein großer Verschwender und Vergeuder war.
Aber vielleicht hatte der König an diesem Tag besonders gute Laune oder was sonst – kurz und gut, es gefiel ihm, sich edel und mildtätig und freigebig zu erweisen, und also entschloß er sich, seinen guten Soldaten zu belohnen, der ihn zweimal aus den Klauen der Türken errettet und ihm geholfen hatte, den Krieg zu gewinnen. Er hätte ihm Geld geben können, aber Geld hatte der König jetzt nach dem Kriege selber wenig. Er hätte ihn zum Kammerherrn ernennen können oder zum Minister, ihn auf die eine oder andere Weise zum Hofmann machen können, aber er meinte, daß sich ein sorbischer Dorfbursche dazu ganz und gar nicht eigne.
„Ach was“, sagte er sich schließlich, „ich schenke ihm irgendein Schloß oder Rittergut, hab’ ich deren doch so viele, daß ich sie gar nicht alle kenne. Aber schließlich, was sollte ein Dorftrottel wohl mit einem großmächtigen Schloß oder einem Rittergut anfangen? Ich gebe ihm das Vorwerk in Särchen, das besteht ja doch nur aus lauter Sand und Sumpf, dazu ein paar Heidebäume Wald, viel verliere ich mit dieser Entenpfütze nicht!“ Nun, und so geschah es...

Der ausgediente Musketier Krabat wurde vor den König befohlen, wo man ihm erklärte, daß Seine Majestät der König in Anbetracht der großen Verdienste seines guten Soldaten gnädig geruht habe, ihm die Milde zu erweisen und das königliche Gut in Särchen mit allen Liegenschaften und Hörigen, einer Schäferei und einer Försterei, mit Mühle, Brennerei und Brauerei und dem Erbgericht zu schenken.

Wir haben schon vernommen, daß der König an diesem Tag besonders gute Laune hatte und sehr leutselig gestimmt war. Deswegen wundert es uns auch nicht, daß er fortfuhr: „Mein lieber Krabat! Ich verleihe dir hiermit das Recht, immer und zu jeder Zeit unangemeldet vor mir zu erscheinen. Keiner von meinen Dienern und Türhütern und Wächtern darf dich daran hindern!" Ich werde schon meinen Spaß an diesem sorbischen Zaubermeister haben, dachte der König dabei...

So bewirtschaftete nun Krabat, der frühere Hirte, Müllergeselle, Wanderbursche und sächsische Musketier, das Vorwerk in Särchen. Ein anderer hätte aus dem kümmerlichen Gütlein nicht viel zu machen vermocht, aber Krabat war schließlich ein Zauberer und wußte sich zu raten und zu helfen.

Er hatte sich auch einen sonderbaren Zauberspiegel aus Kupfer angefertigt. In diesen Spiegel blickte er oft und wußte dann, was alles in der Welt geschah, und das war sehr kurzweilig und manchmal auch von Nutzen, weil Krabat auf diese Weise gar manches Übel abwenden konnte.

Krabat erfuhr aus seinem Zauberspiegel auch, wenn der König drauf und dran war, irgendwo eine Dummheit oder Schlechtigkeit zu begehen, wenn er sich zum Beispiel irgendwo in einen Streit eingelassen hatte und einen neuen Krieg anfangen wollte oder wenn er beschlossen hatte, dem armen Volk eine neue Steuer aufzuerlegen, um seinen eigenen leeren Beutel wieder zu füllen, oder wenn er einen Unschuldigen ins Gefängnis werfen lassen wollte oder aber nach dem Hab und Gut seines Nächsten strebte. Dann erinnerte sich Krabat dessen, daß er das Recht hatte, jederzeit unangemeldet den König zu besuchen, und befahl seinem Kut-

scher, sofort anzuspannen und ihn nach Dresden zu bringen. Von Särchen bis Dresden ist es ein weiter Weg, und Krabat hatte es ja immer eilig. Deswegen fuhr er auch nicht auf der Landstraße, sondern als rechter Zauberer durch die Lüfte. Gleich hinter dem Vorwerk hob sich sein Gefährt in die Wolken, und schon flog er über Kamenz, Pulsnitz und die Dresdener Heide geradewegs in die sächsische Hauptstadt zum königlichen Schloß. Der Minister und die Höflinge schauten zwar sauer drein, konnten aber nichts ausrichten: Sie mußten den sorbischen Zauberer vor den König lassen. Und Krabat fürchtete sich vor dem König nicht, er war weder auf den Mund gefallen, noch schmierte er dem König Honig ums Maul, sondern sagte geradezu: „Dies und das gehört sich nicht, das wäre großer Unsinn und eine Dummheit und Ungerechtigkeit, das soll der König lassen!“

Der König riß die Augen weit auf, war es ihm doch ganz neu, daß jemand ihm so ungeschminkt seine Meinung ins Gesicht sagte; bis dahin hatten alle vor ihm nur gekatzbuckelt und ihm nach dem Munde geredet und ihm geschmeichelt. Dann aber lachte der König und hörte zu. Manchmal hielt er sich an Krabats Ratschläge und Ermahnungen, manchmal aber auch nicht, denn er war ein launischer und wetterwendischer Mensch, aber er nahm Krabat nichts übel. Darüber ärgerten sich der Minister des Königs und die Hofschranzen, die Räte und das ganze Höflingsgeschmeiß gar sehr. Hatten sie doch dem König so manches Mal eine Schlechtigkeit angeraten, aus der sie großen Nutzen für sich zu ziehen gedachten, und dem verwünschten sorbischen Tölpel gelang es oft, den König zu überreden und ihnen also ihren Gewinn zu schmälern.

Immer häufiger hörte der König auf Krabat und durchkreuzte so die habgierigen Pläne der schlechten Hofgesellschaft. Der Minister und die Hofleute waren wütend.

Was konnte man tun? An Krabat wagten sie sich nicht heran: Mit solch einem Zauberer ist nicht gut Kirschen essen!
Deswegen verschworen sie sich gegen den König. Hinweg mit dem König! das war ihre Meinung. Sein Sohn, der faule Dummkopf, wird uns eher zu Willen sein, der wird sich gewiß nicht mit diesem sorbischen Tölpel einlassen! Der wird auf uns hören. Also weg mit dem König!
Und die höfischen Schurken kamen zusammen, um heimlich zu beraten, und verschworen sich zu folgendem: „Der Mundschenk soll dem König eine Tasse vergifteten Kaffee reichen! Der König fällt um, und wir haben gewonnenes Spiel. Dann hat der sorbische Zauberer ausgezaubert!"
Der Streich war nicht übel ausgedacht und wäre sicher gelungen, hätte Krabat nicht gerade in seinen Spiegel geschaut. Nun, jetzt hieß es die Beine unter den Arm zu nehmen! Krabat ließ seinen Kutscher daheim und kutschierte selbst; denn heute hatte er es sehr, sehr eilig.
Schon flog die Kutsche über die Schwarze Elster, flog weiter und immer schneller, da auf einmal – bums – krachte es, der Wagen war an irgend etwas angefahren und hing fest, die Pferde zogen und zerrten in den Strängen, aber kamen nicht vom Fleck... „Verflixter Meilenstein!" fluchte Krabat, aber dann erinnerte er sich, daß es in der Luft ja keine Meilensteine gibt, schaute aus dem Wagenfenster und sah, daß er am Turm der Kamenzer Kirche hängengeblieben war. Das konnte er gerade brauchen! Aber flugs hob er den Wagen an, und schon flog er wie ein Sturmwind weiter. Von diesem Tage an aber hat der Turm der Kamenzer Sankt-Marien-Kirche eine verbogene Spitze.
Um ein weniges wäre Krabat zu spät nach Dresden gekommen. Der König hielt schon die Tasse mit dem vergifteten Kaffee in der Hand und wollte trinken. Der oberste Mundschenk, dieser Lump, stand vor ihm, und ringsherum am Tisch saß das ganze Hofpack und wartete und freute sich auf den Tod des Königs. Sie erschraken nicht wenig und erbleichten, als auf einmal der sorbische Zauberer zur Tür hereinstürzte.

„Trinkt nicht, Herr König!“ schrie Krabat. „Mag der Mundschenk den Kaffee kosten! Dann wird es sich herausstellen, was das für ein Teufelsgebräu ist!“
Der Mundschenk zitterte wie Espenlaub. Nichts half: Er mußte den vergifteten Trank kosten, den er selbst bereitet hatte. Er fiel auf der Stelle tot um.
Und nun entdeckte Krabat dem König die Verschwörung, und den Verschwörern erging es schlecht: Nicht lange danach mußte sich der alte Henker aus Lissahora nach Dresden aufmachen, um den hochwohlgeborenen Verbrechern die Köpfe vor die Füße zu legen.

12

Dreimal also hatte Krabat dem König aus der Not geholfen, ihm das Leben gerettet und ihm geholfen, als er sich selber weder helfen noch raten konnte. Davon erzählten die Leute im ganzen Land und auch davon, wie klug und weise und mächtig dieser Zauberer sei. Sein Ruhm stieg wie das Hochwasser nach der Schneeschmelze im Frühling. Auch die Junker verachteten nicht länger den ehemaligen sorbischen Hörigen und Hirten, den sie sonst wie einen Wurm zu treten pflegten, sondern umschmeichelten ihn und drängten ihm ihre Freundschaft auf. Es kann ja niemals schaden, sich gut und günstig mit einem zu stehen, der am königlichen Hofe angesehen ist! Aber Krabat gab nichts auf die öligen Reden und Schmeicheleien des Junkerpacks, das wie eine Klette sich an ihn hängte und ihn mit Einladungen überhäufte und dauernd ihn bestürmte, sie mit irgendwelchen Zaubereien und Hexenkunststückchen zu unterhalten.
Nicht nur die Junker, sondern auch die Pfaffen bemühten sich gar sehr um Krabats Freundschaft: Was denn, ein Freund des Königs ist ein großer Mann, mag er zehnmal ein Zauberer sein, mit solch einem darf man es nicht verschütten, und von seiner Hand fällt immer etwas ab!
Vor allem der Pfarrer zu Kulow hatte Krabat ins Herz geschlossen, oft besuchte er ihn, um mit ihm zu plaudern, und häufig bewirtete er ihn in seinem Pfarrhaus

in Kulow. Nur eines war Krabat zuwider: Der Pfarrer pflegte ihm ständig und dauernd in den Ohren zu liegen, Krabat möchte ihm zur Unterhaltung doch etwas vorzaubern.

„Na warte nur“, sprach Krabat bei sich, „ich werde dich anführen, daß du lange daran denken sollst!“

Und er nahm ein Mäßlein Hafer und schüttete es in den Herdkessel. Dann murmelte er einen Zauberspruch aus seinem Zauberbuch, und aus dem Herdkessel – schau! – fingen an Soldaten herauszusteigen, einer nach dem anderen, eine ganze Kompanie, was sage ich – ein ganzes Regiment Fußsoldaten stellte sich in Reih und Glied auf, und die Pfarre zu Kulow und ihre Umgebung war rot vor lauter Soldaten.

Das war einmal ein großartiges Stück! Die Soldaten begannen zu exerzieren, die Hauptleute schrien, und die Trommler trommelten, und die Fußsoldaten fochten mit ihren Säbeln und spielten sich gar wild mit Gewehr und Bajonett auf, so daß der Herr Pfarrer und seine Köchin sich gar nicht satt sehen konnten und ein übers andere Mal verwundert die Hände über dem Kopf zusammenschlugen.

Die Soldaten aber hörten nun mit Waffenspiel und Exerzieren auf, offensichtlich verlangten sie zu essen und zu trinken. Drum begannen sie des Pfarrers Hühner, Enten und Gänse einzufangen und von den Nestern die Eier einzusammeln, und aus dem Stall zogen sie ein fettes Schwein heraus, und aus dem Keller schleppten sie Flaschen römischen Weines herauf.

Da runzelte der Herr Pfarrer nun doch die Stirn: Diese Seite der Geschichte gefiel ihm gar wenig, das können wir verstehen, und der Herr Pfarrer machte den Soldaten mit fester Stimme klar, daß Stehlen eine große Sünde sei, und sie sollten es lassen, nun, er schimpfte nicht wenig.

Die grobschlächtigen Soldaten aber waren durchaus nicht wil-

lens, in Sack und Asche zu wandeln, sondern ergrimmten im Gegenteil gar sehr und nahmen die tadelnden Worte des Herrn Pfarrers übel auf. Sie bedrängten den Herrn Pfarrer und begannen ihn mit Gewehrkolben zu stoßen und mit Säbeln und Bajonetten zu kitzeln, daß er arg ins Fürchten kam und Krabat zu Hilfe rief.
Nun, Krabat erbarmte sich, holte sein Zauberbuch herbei, brummelte seinen Zauberspruch, aber von rückwärts, worauf die Soldaten sich wieder in Reih und Glied aufstellten und in den Herdkessel zurückmarschierten, aus dem sie gekommen waren, und darin blieb schließlich nichts weiter liegen als ein kleines Häuflein Hafer.
Der Herr Pfarrer zu Kulow aber hat nie wieder Krabat gebeten, ihm doch etwas vorzuzaubern.

13

Krabats Diener war ein neugieriger und wißbegieriger Bursche. Oft hatte er Krabats Zaubereien zugeschaut und hatte dabei gar wohl aufgemerkt.
„Was nicht gar“, sagte er sich, „solch eine Zauberei, das ist doch keine große Kunst! Man nimmt einfach das schwarze Buch, den Koraktor oder wie es heißt, zur Hand, schlägt die rechte Seite auf, murmelt einen Zauberspruch – und schon ist es vollbracht. Das bringe ich auch fertig!“
Und er wartete ungeduldig darauf, daß sein Meister einmal den Hof verlasse, ihn und natürlich auch das Zauberbuch aber daheim ließe.
Nun, die Gelegenheit ergab sich bald: Krabat fuhr weg, irgendwohin, ich weiß nicht, wohin, vielleicht zur Pfarre nach Kulow, vielleicht auch anderswohin, und sein Zauberbuch ließ er absichtlich daheim, damit er neugierigen Leuten nichts vorzuzaubern brauchte.
Kurz und gut, der Knecht blieb allein daheim, und das kam ihm sehr zupaß.
Er suchte und fand den Koraktor, nahm eine Handvoll Hafer, warf ihn in den Herdkessel, murmelte das richtige Zaubersprüchlein, und schon begannen Soldaten aus dem Kessel herauszusteigen, einer nach dem anderen, ein ganzes

Regiment – nun, das Vorwerk in Särchen war voller Soldaten. „Zur Stelle!" schrie der Obrist der Soldaten, ein betreßter schnurrbärtiger Raufbold. „Zur Stelle! Wozu hast du uns gerufen? Erteile einen Befehl, gib uns zu tun, aber schleunigst!"
Gottsdonner – darauf war der Knecht nicht vorbereitet. Er erbleichte und stotterte schließlich zitternd:
„Dort liegt der Misthaufen. Schafft den Mist aus dem Hofe aufs Feld und breitet ihn ordentlich aus!"
„Zu Befehl!" schrie der betreßte Schnurrbärtige. „Das ist zwar keine Beschäftigung für einen königlich-sächsischen Soldaten, aber Befehl ist Befehl!"
Die Soldaten gingen den Misthaufen mit einer Eile an, daß er verschwand wie der Schnee im Frühling. Und schon stand der Obrist wieder da:
„Befehl ausgeführt! Neuen Befehl! Sonst geht es übel aus!" Der Diener zitterte vor Furcht an allen Gliedern. Woher sollte er Arbeit für so viele Leute nehmen? Schließlich fiel ihm ein:
„Wie wäre es denn, wenn ihr in unserer Heide Löcher bohrtet, damit die Pilze heraus können?"
Nun – diese Arbeit dauerte ein wenig länger. Aber nach einer Weile war der Obrist wieder da und grollte:
„Alle Löcher gebohrt! Die Heide ist schon voller Steinpilze, Roter und Grauer Birkenpilze, Maronen und Butterpilze! Was weiter?"
Der Kutscher rang die Hände, aber schließlich kam ihm ein Gedanke: „Begebt euch dorthin, zur Straße nach Kulow und werft am Wege ein Loch aus, aber recht groß und breit!"
Nun – die Soldaten gingen hin und fingen an zu graben, warfen ein riesengroßes Loch aus, und all den Sand, den sie ausschaufelten, fuhren sie zusammen, bis ein richtiger großer Sandberg entstand. Und wißt ihr, was daraus geworden ist? Nun, jener große Teich, der einst hart westlich des Dorfes in der Sonne glitzerte,

und der hohe Sandhügel, der daneben lag.
Die Soldaten beendeten auch diese Arbeit und kehrten schon wieder auf das Vorwerk von Särchen zurück. Ich denke, Krabats Diener hätte sich keinen neuen Auftrag für sie aus den Fingern saugen können, und sicher wäre es ihm schlecht ergangen. Die ergrimmten Soldaten hätten ihn nicht wenig geschüttelt und gerüttelt! Aber glücklicherweise kam gerade Krabat nach Hause und erlöste seinen Diener von Angst und Furcht. Er las das Zaubersprüchlein rückwärts, und schon verschwanden die Soldaten folgsam und brav im Herdkessel, wo sie wieder zu Hafer wurden. Und der Knecht bekam seine verdiente Schelte:
„Faß keine glühenden Kohlen an, gar leicht kannst du dich verbrennen! Jetzt siehst du wohl ein, daß die Zauberei kein Spaß ist? Lasse die Hände von Dingen, mit denen du nicht umzugehen weißt!"

14

Die Jahre vergingen, und mit den Jahren wurde auch Krabat älter, aber zugleich erwarb er sich immer mehr Weisheit und Fähigkeiten. Nirgends war ein Zauberer mächtiger als Krabat. Er kannte, wußte und verstand alles und jedes, er überragte alle, beherrschte und vermochte alles. Hätte er gewollt und hätte es ihm so gefallen, hätte er der berühmteste, mächtigste, reichste Mann im ganzen Land sein können.
Aber gerade danach stand nicht sein Verlangen. Er gierte nicht nach Macht und Ruhm, weder nach Geld noch Schätzen, noch Reichtum. Zurückgezogen lebte und arbeitete er auf seinem Vorwerk in Särchen. Sogar zum königlichen Hof nach Dresden fuhr er nicht mehr. Was sollte er auch dort? Der aufgeblasene, verschwenderische und vergnügungssüchtige König hatte immer weniger auf Krabats Ratschläge und Ermahnungen gehört, hatte sich immer seltener seiner erinnert, ihn vergessen und ganz und

gar aus den Augen und aus dem Sinn verloren. Nun, es ist ja bekannt: Könige und andere Herrscher haben ein kurzes Gedächtnis für Dienste, die ihnen Untertanen erwiesen haben.
Oft pflegte Krabat sein Leben zu überdenken und nachzugrübeln: „Da habe ich mich als Kind einst danach gesehnt, alles zu kennen und zu wissen und zu verstehen, alles zu können und zu vermögen! Dann bin ich ein Zauberer geworden. Ich habe mir und den Eltern geholfen, so daß wir nicht länger Not zu leiden brauchten. Und dann habe ich diesem bösen Schwarzen Müller, der so viel Übel angerichtet hatte, den Garaus gemacht und habe den Guten und Armen geholfen und gar manchen aufgeblasenen Wicht kuriert. Und später habe ich dem großen Herrn, dem König, dauernd die Dornen aus dem Hintern ziehen müssen, und dafür habe ich dieses Gütlein erhalten, Sumpf und Sand, eine reine Entenpfütze. Jetzt erzählen sich die Leute, ich sei ein großer und unübertrefflicher Zauberer. Nun, das ist wohl wahr; ich kenne vieles und weiß nicht wenig und vermag so manches... Aber was habe ich denn bisher vollbracht? Nichts als Hexereien und Schwindel und Narrenpossen und Unsinn! Sich in einen Spatz oder Stier verwandeln, Regenwürmer aus Nudeln und Soldaten aus Saathafer hervorzaubern, durch die Lüfte fliegen – wem bringt das Vorteil, wem nützt und hilft das?
Etwas Größeres, Großartigeres muß die Frucht meiner Zauberei werden!"
Und Krabat hatte auch erkannt, was not tat, nämlich den Menschen zu helfen und zu erreichen, daß sie satt und zufrieden und glücklich und froh wären.
An diese Arbeit machte er sich...
Lange schon hatte er sich über den Sumpf und das Moor rings um das Dorf geärgert, wo fauliges Wasser schwarz und träge zwischen Torfmoos, Riedgras und Sumpfporst stand und wo nachts Irrlichter ihr Wesen trieben.

Nun ließ er kraft seines Wissens das Wasser aus Sumpf und Moor ablaufen, so daß dort gutes, süßes Gras wachsen konnte und Buchweizen und Hirse, Lein und Mohn, Zwiebeln, Bohnen, Erbsen, Kohl und Rüben.
Immer schon hatte er die weißen, unfruchtbaren Sandflächen gehaßt, auf denen nichts wachsen mochte als armselige Hungerblümchen, hartes Silbergras und graue Flechte.
Jetzt aber führte er durch Gräben Wasser heran, und es dauerte nicht lange, so wogte dort üppig das Getreide: Roggen, Hafer und Gerste.
Wenn von Osten trockene Winde heranstürmten, so hielt sie Krabat auf, und wenn große Hitze und Dürre auf dem Lande lastete, da rief er Gewitterwolken herbei und befahl ihnen, sich über den dürstenden Fluren zu öffnen und Milch und Honig herabzuregnen. Während des Heuens aber und der Getreideernte verschaffte er gutes Wetter und verjagte auch das kleinste Wölkchen, damit alles gut und trocken unter Dach käme. Wenn aber einmal aus schwarzgelbem Himmel Hagel niederschlug, verwandelte ihn Krabat flugs in weiße Daunen, und die Saaten erlitten nicht den geringsten Schaden.
Und der gute und mächtige Zauberer verwandelte auch alles Schlehdorngesträuch in Zwetschgen- und Pflaumen- und Pfirsichbäume, und er ließ Weizenäpfel und Borsdorfer reifen auf Holzapfelbäumen und zauberte Honig- und Butterbirnen auf Wildbirnenbäume und verwandelte Lolch in Gerste und Quecke in Weizen und vollbrachte noch vieles andere zu Nutz und Frommen seiner Bauern.
Krabat war aber immer noch nicht zufrieden, weil er meinte, es sei noch zuwenig und er müsse mehr tun. Und dann entschloß er sich und sprach:
„Was denn – ich sitze immer noch wie ein Junker auf diesem Vorwerk und auf dieser Scholle, die einst vor Jahrhunderten fremde räuberische Ritter den sorbischen Bauern weggenommen haben. Und immer noch müssen die Bauern hier auf meinen Feldern als meine Hörigen fronen. Welches Recht habe ich denn darauf? Damit muß es sofort und auf der Stelle ein Ende haben!“

Und der Gutsbesitzer Krabat ließ alle seine Untertanen zusammenrufen, die Hörigen aus dem Dorf und sein Gesinde, dazu noch den Förster und den Verwalter und die beiden Vögte und verkündete den auf dem Hofe Versammelten, daß von heute ab die Hörigkeit aufgehoben und alle Frondienste abgeschafft seien, ohne daß die Bauern dafür zu zahlen hätten, und daß jeder von nun ab ziehen könne, wohin es ihn gelüstete, und heiraten, ohne den Herrn um Erlaubnis zu fragen, kurz und gut, daß sie nicht länger Untertanen, sondern freie Menschen seien. Und Krabat verkündete weiterhin, daß er seine Felder und alle Liegenschaften auf vierzig Stücke aufteile und diese seinen bisherigen Untertanen zu Nutz und Eigen für ewige Zeiten schenke und daß also nun das Ganze und alles im einzelnen ihnen gehöre: das ganze Vorwerk und alle Felder und sämtliche Wiesen und alles Vieh und sämtliches Gerät und jedes einzelne Gehöft und auch die ganze Weide. Nur die Teiche könne und dürfe er ihnen nicht geben, die müßten an den König zurückfallen.

Als die Hörigen der Herrschaft Särchen solches vernahmen, entstand große Freude und Jubel unter ihnen, und die Frauensleute weinten vor Rührung. Nur der Verwalter und der Förster und die beiden Vögte blickten finster vor sich hin, weil ihre gute Zeit vorbei und vergangen war, und auch die großen Bauern zogen saure Mienen, weil sie leer ausgegangen waren.

15

Viele Jahre waren vergangen. Krabat war ein Greis, um dessen Haupt schon lange silbriges Haar wallte. Er wohnte jetzt in einem Stübchen über dem Schankraum der Särchener Schenke, und die Wirtsleute kümmerten sich um ihn. Oft pflegte der Greis durch Feld und Flur zu wandern und sich am neuen, glücklichen Leben seiner früheren Hörigen zu freuen. Er sah und erkannte, wie sie Freude hatten an der Arbeit, wie die Arbeit sie nährte und ihnen Wohlsein und Vermögen und Zufriedenheit brachte. Sie hatten wahrlich nicht länger die

Hilfe der Zauberei und Hexerei nötig. Darum sprach Krabat zu sich:
„Was soll mir länger der alte Koraktor, das Zauberbuch des bösen Kollmer Müllers? Kein ehrlicher, ehrbarer, fleißiger und arbeitsamer Mensch braucht es länger! Es ist an der Zeit, daß ich es loswerde!"
Und er rief seinen alten Diener, der ihn nicht verlassen hatte, herbei und übergab ihm den Koraktor und befahl ihm, das Buch in jenen großen Teich, der dort hart an der Straße nach Kulow von der Arbeit der Hafersoldaten entstanden war, zu werfen.
Der Diener nahm das Buch, aber es war ihm leid um solch nützliches und brauchbares Buch, das einem zu allerhand schönen und erwünschten Dingen verhelfen und auch sonst von gutem Nutzen sein konnte.

Und der Diener warf das Buch nicht ins Wasser, sondern versteckte es in seiner Kammer unter dem Strohsack und kehrte zu Krabat zurück.
„Nun – hast du das Buch in den Teich geworfen?" fragte ihn dieser sogleich.
„Ja", sagte der Knecht und errötete.
„Und was hat das Wasser geantwortet?"
Da stand der Diener, in die Enge getrieben, und wußte nichts zu sagen.
„Sofort gehst du hin und wirfst das Buch ins Wasser!" befahl Krabat streng.
Der Knecht ging hin und warf das Buch am Teichständer ins Wasser. Hu – es war, als ob man glühendes Eisen ins Wasser stecke, nur hundertmal gewaltiger und drohender! Das Wasser schäumte und zischte und brauste und raste und brüllte auf. Dann kochte und wogte es, als ob eine Schar Wasserdrachen sich darinnen wälzte und biß und tobte. Der ganze Teich glich einem wilden, entfesselten Meer, und dem Diener fuhr der Schreck so in die Glieder, daß er beinahe ohnmächtig umfiel und nur mit

Mühe halbtot nach Hause gelangte...
Krabat erkannte sofort, daß sein Diener dem Befehl Folge geleistet hatte, und war zufrieden.

* * *

Krabats Leben neigte sich dem Ende zu. Krank und schwach lag er im Bett in der Schenke von Särchen und wartete darauf, daß ihn die weiße Todesgöttin küsse. Sein getreuer Diener pflegte ihn.
Noch einmal schaute Krabat zurück auf sein ganzes Leben und auf das, was er erfahren und gearbeitet und gewirkt und geschafft hatte.
Und er klagte:
„Wenig war das, zuwenig! Zwar meine Särchener sind zufrieden und glücklich, weil es ihnen gut geht. Aber ringsum gibt es noch so viel Not und Elend und Leid und Armut und Ungerechtigkeit. Noch unterdrücken überall die Mächtigen die Schwachen, und die Reichen beuten die Armen aus und quälen sie. Und auf der Erde gibt es noch so viele unfruchtbare Sümpfe und Moore und so viel trockenen Sandboden und so viele Wüsten, wo gute Frucht reifen könnte. Und es gibt noch so viel Unkraut und Mängel und so vieles Unvollkommene! Was kann ein einzelner Mensch erreichen, auch wenn er noch so weise und ein allmächtiger Zauberer wäre? Eine ganze Schar, nein, Scharen solcher Zauberer brauchte es – mächtige, gute Männer, die den Menschen und Völkern hülfen und sie lehrten, wie sie die ganze Welt ordnen und verwandeln und umstülpen und sie besser und vollkommener machen könnten, so daß des Menschen Leben auf dieser Erde zur Freude würde!
Ich allein habe es nicht vermocht. Aber nach mir kommen andere – mächtigere gute Menschen, die die Welt so verwandeln werden, daß sie sehr, sehr schön wird.“
Und damit seufzte Krabat zum letzten Male auf und schloß auf immer seine klugen Augen.

16

Es war das ein großes Begängnis und eine großartige Feierlichkeit, als man in Särchen den berühmten sorbischen Zauberer zu Grabe trug. Die Junker zwar waren nicht zum Begräbnis erschienen, und auch sonst war niemand von den hohen Herren, den Mächtigen und Reichen, gekommen. Auch der König hatte vergessen, einen Kammerherrn oder Obristen oder einen anderen Vertreter zum Begräbnis dessen zu schicken, der ihm dreimal das Leben gerettet hatte. Dafür aber war das sorbische Volk da, es kamen die befreiten Bauern, aber auch die noch unfreien Hörigen aus allen Enden des sorbischen Landes: von den Bergen und aus dem fruchtbaren Hügelland, aus der Heide und aus dem Spreewald. Alle weinten und trauerten um den großen, guten sorbischen Zauberer.

Und als sie den Sarg in das dunkle Grab hinabließen, da schien es ihnen, als ob sich ein großer weißer Vogel, ein Schwan vielleicht, über das Grab erhöbe und dann als eine große weiße Wolke am blauen Himmel schwebte.

„Das ist der Geist des großen Krabat", flüsterten die Bauern untereinander. „Er wird uns nicht verlassen und dafür sorgen, daß wir ein freies und glückliches Volk werden."

Erklärungen sorbischer Redewendungen und Bezeichnungen

5, 8 *Den Backofenzins mahnen*
Sorbische Redensart für „bettelnd von Haus zu Haus gehen“

6 *Am Stricke melken*
Nach dem sorbischen Volksglauben melkt eine Hexe zu Hause am Strick. Die dadurch von ihr gewonnene Milch geht dem Nachbar verloren

6 *Den Roten Hasen in die Nachbarställe schicken*
Nach dem sorbischen Volksglauben besitzen die Hexenmeister einen roten Hasen, welchen sie in die Ställe des Nachbarn schicken, damit er dort die Kühe melke und die Milch seinem Herrn bringe

6 *Damit nicht die Leinwand verregnet*
Nach dem sorbischen Volksglauben vertreibt eine Hexe so lange alle Regenwolken vom Himmel, bis ihre Leinwand auf der Bleiche fertig gebleicht ist

8, 44 *Koraktor*
Bei den Sorben der Niederlausitz und bei den Heidesorben ist der Koraktor oder Kuraktor das Zauberbuch, mit dessen Hilfe der Zauberer zaubert. Der Ausdruck stammt wahrscheinlich von dem lateinischen Wort „corrector“ (Korrektor)

18 *Tarakawa*
Die Tarakawa ist eine Holzflöte

35 *Lissahora*
Ein Ort bei Neschwitz im Kreise Bautzen, der auch heute noch diesen Namen trägt, sorbisch Liša Hora. In diesem Orte wohnte vor 250 Jahren ein bekannter sorbischer Scharfrichter

ISBN 3-7420-0291-0
3. Auflage 1988

Lizenz-Nr.: 200/115/88
LSV: 7008
Lektor: Benno Budar
Buchgestaltung: Eberhard Kahle
Printed in the German Democratic Republic
Lichtsatz: INTERDRUCK
Graphischer Großbetrieb Leipzig – III/18/97
Reproduktionen, Druck und Buchbinderei:
Sachsendruck Plauen
Bestell-Nr.: 590 176 9
00580